AF245850

LA PATRIE

AVANT TOUT.

EH ! QUE M'IMPORTE NAPOLÉON ?

PAR M. LEBRUN-TOSSA.

Il fallait que son âme altière ployât sous
le poids du passé , pour devenir capable
des expiations de l'avenir..... *Page 25.*

PARIS,

LAURENT BEAUPRÉ , LIBRAIRE , PALAIS ROYAL,
GALERIE DE BOIS , N° 218.
1815.

AVANT-PROPOS.

La charte que Louis-le-Désiré daigna nous octroyer, l'an dix-neuvième de son règne, venait d'être enregistrée ; sur la foi de l'article 8, je me mis à tailler ma plume, je voulais apprendre à Sa Majesté trois choses, la première, (Sa Majesté la sait à merveille) de quelle source jaillissent, depuis trente ans, toutes nos calamités, *quo fonte derivata clades* ; la seconde, que la France est brouillée, pour deux ou trois siècles encore, avec ses prêtres et nos ci-devant seigneurs ; la troisième, que nous étions prêts à proclamer la république plutôt que de subir un nouveau despotisme. Je pouvais donc espérer de contenir, par le sentiment de la peur, l'auguste descendant de Henri IV. Malheureusement, tandis que j'enfermais ces grandes vérités dans un petit cadre, la profonde dialectique de Son Excell. l'abbé de Montesquiou découvrit l'identité des deux infinitifs, *prévenir* et *réprimer*. De cette idée-mère naquirent la censure, les cen-

seurs, *Royer-Colas*, et l'ordre impéris-
sable de l'éteignoir. Cependant, comme
monseigneur n'imposait l'obligation de
se taire ou de mentir qu'autant qu'on
resterait en deçà de vingt feuilles et
demie d'impression, je repris courage;
il me parut que les choses allaient d'un
train à ne pas laisser craindre la disette
de matériaux. Enfin, j'allais accabler
de tout le poids d'un gros in-octavo les
premiers coupables de notre révolution qui l'ont recommencée, lorsque
César et sa fortune vinrent surgir au
golfe Juan. Adieu l'in-octavo, adieu
les vingt feuilles et demie. Je n'en ai
pu sauver que quelques débris dont se
composent les premières pages et quatre ou cinq notes de cet opuscule. Je
crois qu'ils s'y rattachent parfaitement;
mais si, par hasard, vous jugez, Messieurs, que j'aie eu tort de le croire,
maintenant que ma grande infortune
vous est connue, voilà bien de quoi
motiver votre indulgence. O qu'il est
dur d'être ruiné, pour deux infinitifs
et un débarquement !!!!

LA PATRIE AVANT TOUT.

EH ! QUE M'IMPORTE NAPOLÉON ?

FRANÇAIS, ce n'est pas lui, c'est nous, nos femmes, nos enfans, c'est la France, c'est la patrie qu'il s'agit de défendre. Une seconde fois, l'Europe se précipite sur nous ; par quels moyens sortir de crise ? j'en vois deux. L'ignominie, voilà le plus facile ; une résistance unanime, voilà le plus sûr. Qui nous a placés dans une telle alternative ? est-ce Napoléon ? Oui, dans ce sens que s'il n'eût jamais abusé de sa puissance et de sa gloire, jamais ni l'une ni l'autre n'auraient souffert d'éclipse, et les Bourbons ne seraient pas redescendus du trône, car, auparavant, il eut fallu y remonter. Mais, comme tous ces événemens sont autant de phases d'une révolution qui dure encore, on ne peut leur assigner d'autres causes premières que les causes mêmes de cette révolution. Je commencerai donc par vous rappeler,

en peu de mots, de qui elle est l'ouvrage. Nous
la devons à l'indomptable orgueil de la noblesse, à l'égoïsme, à l'hypocrisie du clergé,
à la corruption de la Cour, à la faiblesse, à la
versatilité de Louis XVI. Ce furent les deux
ordres privilégiés qui, lors des élections aux
états généraux, donnèrent, dans les provinces,
des scènes de scandale, excitèrent des troubles
et multiplièrent, sans pudeur, comme sans
mesure, tous les obstacles que peuvent enfan-
ter des passions méprisables. Enfin, les représentans élus arrivent à Versailles, et, le
5 mai 1789, le Roi préside à l'ouverture des
États généraux. Le 5 mai promettait un terme
à nos misères, le lendemain les augmenta.
Jaloux de remplir leur mission, les députés
du tiers se rendent dans la salle où, la veille,
un même esprit semblait animer le monarque
et les mandataires de son peuple; ni le clergé
ni la noblesse ne vinrent se réunir à eux.
Quels motifs déterminaient l'absence des
deux premiers ordres? pourquoi ne les fai-
saient-ils pas connaître? où tendait une conduite aussi étrange? que voulaient-ils? que se
proposaient-ils? on s'adressait ces questions
les uns aux autres, sans oser y répondre,

tant on craignait une réponse affligeante ! l'imagination se remplissait d'un sinistre pré- miers mois de la tenue des états gé- néraux. sage, on était tourmenté d'un triste pressenti- ment et le temps ne fut que trop prompt à les réaliser. Deux mois s'écoulèrent, pendant la séparation des trois corps de l'état; et tandis que les nobles, les prêtres formaient des pré- tentions absurdes, qu'ils s'obstinaient au vote, par ordres, avec la faculté des véto respectifs, double mesure dont l'effet immédiat aurait été d'anéantir l'influence du tiers; tandis que ce dernier se voyait réduit à la nécessité de tem- poriser ou de déployer une énergie qui pou- vait devenir terrible, incalculable dans ses suites, la plupart des provinces du royaume manquaient de subsistances; toutes souffraient de l'inaction de leurs représentans, les mur- mures, l'effervescence augmentaient.

Bientôt, d'un bout de la France à l'autre, il n'y eut qu'un cri d'horreur, qu'un concert d'imprécations, lorsqu'on apprit à quels nou- veaux essais de despotisme on avait entraîné Louis. Paris et Versailles menacés par la pré- sence d'une armée; l'assemblée nationale chassée du lieu de ses séances, incertaine s'il lui restait d'autre asile que les places publiques, se réunissant en tumulte dans un jeu de paume, et le jour d'après dans une église; rappelée dans sa première enceinte, pour y être le témoin d'un lit de justice qui déshonorait, ensemble, la nation et son chef; les maximes odieuses, l'obstination des deux ordres privilégiés, justifiées par les déclarations du roi; la forme et la matière des délibérations à venir déterminées et prescrites par lui; en un mot, sa volonté seule ou plutôt celle de quelques hommes substituée aux droits imprescriptibles d'une immense population; qu'on se figure ce que de tels événemens, ce que de telles circonstances devaient produire. Alors disparut l'antique prestige de la naissance; alors, se ternit la majesté d'un trône d'où l'intrigue et la cupidité commandaient, au nom du prince, l'obéissance et l'abjection. En essayant de nous intimider de l'appareil de sa force, ce prince n'avait pas prévu qu'il s'imposait la nécessité d'allumer la guerre civile ou de prendre, après un aussi dangereux essai, l'attitude la plus humiliante, il la prit. C'était révéler sa faute, son embarras, sa faiblesse, c'était tremper sa couronne dans la fange. La noblesse et le clergé vinrent par son ordre se réunir aux communes qu'ils avaient longuement abreuvées d'humiliations; les vaincus s'attelèrent au char du vainqueur, comme le seul moyen qui leur restât de ralentir et peut-être d'égarer sa marche. Ici, les intentions, les espérances du plus faible, si mal adroitement dissimulées, expliquent et justifient assez la conduite du plus fort, même dans ce qu'elle présente de moins digne d'éloge.

J'arrive à la seconde partie du tableau, l'émigration. Quand et pourquoi a-t-elle eu lieu? La réponse à ces deux questions couvre les émigrés d'une éternelle infamie. Il est de fait que le plus grand nombre et les plus marquans s'étaient éloignés, avant les approches du régime de la terreur; les uns, lorsque le monarque n'avait point encore accepté la constitution, les autres, après qu'il l'eût acceptée. Il est de fait que Louis-Stanislas-Xavier, comte de Provence, autrement dit Monsieur, ensuite, comte de Lille, tout récemment Roi intérimaire et, aujourd'hui, Roi *in partibus* fut, d'exemple et de précepte, l'instigateur le plus effréné de l'émigration. Il est également vrai qu'à l'époque du départ de ces messieurs, l'ordre se rétablissait en France ; les complots, les manœuvres des incurables y causaient plus de défiance que d'inquiétude. Nécessité de l'émigration. L'avenir n'avait point un aspect sinistre et, si j'osais me risquer au style argentin du plus menteur de leurs apologistes, je dirais que l'agitation des esprits allait disparaître, comme des nuages amoncelés aux bornes de l'horizon, quand le vent du nord vient les assaillir, les divise et les précipite vers un autre hémisphère. Je dis tout simplement que ces messieurs s'enfuirent, sous le grand prétexte d'un danger personnel qui n'existait pas, et ne pouvait exister qu'autant qu'ils s'attacheraient eux-mêmes à le produire. Je dis qu'ils seront, à jamais, accablés de ce simple raisonnement ;

Lorsque vous avez quitté la France, Louis XVI y régnait par l'assentiment des Français et par la constitution ; ou vous saviez qu'il voulait la détruire et violer ses sermens, ou vous partiez bien persuadés qu'il les respecterait, bien convaincus de sa bonne foi. Dans la première hypothèse, l'émigration semblait, en effet, un puissant moyen de réaliser vos espérances. Vous reveniez en masse et soutenus de l'étranger attaquer votre patrie dont le chef conspirait avec vous et pour vous. Mais, dans cette même hypothèse, il est évident que Louis a mérité la mort et l'irrégularité des formes de sa condamnation n'est plus que le texte déplorable d'une vaine dispute. Si le monarque, au contraire, agissait avec franchise (c'est là ma seconde supposition), vous supportez le poids d'une double félonie ; vous avez trahi l'État, vous avez trahi le prince. Vous nous l'avez fait croire votre complice ; c'est vous qui l'avez fait sortir de la vie, par une route affreuse. Et toi qui as pressé sa marche, tu préparais cependant sur la place publique, le monument expiatoire ! c'est dans ton palais qu'il eût fallu l'élever, en face de ton trône.

Oui, je l'affirme, dans la conviction la plus intime, et d'accord avec quiconque n'est pas volontairement ou naturellement aveugle, l'émigration changea nos destinées ; elle rouvrit les plaies de la France près de se cicatriser, et l'enveloppa toute entière du voile de la mort. Ainsi, les nobles et les hommes de Dieu furent un fléau pour leur patrie, avant de la quitter, et un fléau plus grand encore, après l'avoir quittée. Comme les gé-

nérations contemporaines, la postérité les
chargera des crimes et des malheurs de la révolution. Considérée, dans son ensemble,
elle leur appartient, ils en sont la cause pri-
mitive et générale, mais ils sont de plus, eux
et leurs augustes chefs, la cause immédiate et
directe de notre situation présente ; je ne par-
viendrai que trop aisément à le prouver.

Lorsqu'au commencement de 1814, la
France, réduite au dernier terme de l'infortune, poussa un long cri de douleur et se per-
suada qu'il n'était plus au pouvoir de Napoléon de la retirer de l'abîme, s'avisa-t-elle
Rappel de Louis XVIII d'invoquer le génie des Bourbons ? Deman-
dions-nous autre chose que de conserver
Marie-Louise en qualité de régente ? Si c'est
par ordre de son époux qu'elle s'éloigna de
Paris, cet ordre fut une grande erreur ; si
c'est par l'instigation de ses conseillers, ce
conseil fut plus qu'une erreur. L'établisse-
ment de la régence aurait concilié ce que la
nation devait de gratitude à d'éclatans services, et d'anathème à des entreprises dont aucun motif ne peut absoudre les résultats.
Soutenir que nous désirions Louis XVIII, et
qu'il ne fit que céder à nos vœux, c'est une

haute imposture. Une poignée d'anciens nobles, une poignée d'intrigans plébéiens, leurs
femmes et leurs enfans, voilà l'imposante
majorité par qui nous avons vu relever le
trône de Charles IX. En attendant le retour
de Louis-Stanislas, son frère trahit, le premier, les intérêts de la patrie ; il se hâta de
livrer nos places fortes aux alliés, sans même
leur donner la peine d'en marchander l'éva-
cuation. Bientôt, Louis confirme ces libéra-
lités, et nous *octroie* une constitution que les
représentans reçoivent avec autant de respect
que les tartares Mongous les sachets du grand
Lama. Il ose, impunément, se déclarer Roi,
par la grâce de Dieu, les droits de ses ancêtres et l'épée d'une coalition à laquelle il n'ap-
partenait point. Je suis de l'avis du respecta-
ble *Carnot*, Dieu ne fait pas les rois d'une autre main que leurs valets de chambre ; et, si
les Majestés se prétendent son ouvrage, par
la raison qu'il est l'auteur de tout ce qui res-
pire, elles doivent convenir que le tigre et la
couleuvre sont de même ce qu'ils sont, par la
grâce de Dieu. Laissons le poëte, laissons
l'orateur s'écrier, que le bras de l'Éternel
élève et renverse les trônes, forme et détruit

les empires, rien de mieux que de nous rappeler au prône et dans un dithyrambe, le
néant des grandeurs humaines; mais une
charte doit consacrer nos droits, et le début
de celle qu'on nous avait octroyée en est une
violation.

Au reste, ce n'est point une simple for-
mule considérée, isolément, que je condamne,
elle n'est devenue offensante que par sa con-
cordance avec le préambule de cette charte
royale établie, sans discussion préalable et
sans l'acceptation du peuple français. Au
dix-neuvième siècle, au sein des lumières et
de la civilisation, après que vingt-cinq années
de débats politiques ont anéanti toute espèce
de servitude, et lorsqu'enfin, sans valoir
mieux que les contemporains de saint Ber-
nard, nous savons, du moins, mieux appré-
cier les droits immuables de l'homme et des
sociétés; c'est alors qu'un odieux préambule
est venu nous dire : *En France, l'autorité réside entière dans la personne du Roi ;* c'est
alors que Louis-Stanislas daigne, à ce qu'il
nous déclare, modifier l'exercice de sa toute-
puissance, et veut bien faire à ses sujets con-
cession et octroi d'une constitution. *Conces-*

sion et octroi! il y a là plus qu'impropriété de termes, il y a outrage à la nation. C'était à elle à le constituer Roi ; il ne dépendait pas de lui de la constituer nation. Quoi ! plusieurs millions d'hommes seraient son patrimoine, parce qu'il doit au hasard d'être le petit-fils du méprisable Louis XV et le frère de l'imprévoyant Louis XVI ! Comment a-t-il eu le courage de résoudre, au mépris du bon sens et selon son intérêt particulier, une question depuis long-temps, résolue par l'évidence et selon l'intérêt général ? question qui, ramenée à ses élémens, consiste à savoir si l'unité surpasse la dixaine, et si l'agrégation d'individus, quelque considérable qu'on la suppose, est moindre qu'un seul individu. Louis-Stanislas a prononcé l'affirmative, sans hésiter, et la souveraineté du grand peuple a disparu devant son extrait de baptême. Qu'opposer à cette pièce décisive ? Aussi nous sommes-nous abstenus de lui demander par quels bienfaits, envers la patrie, quelles conquêtes, quel genre de gloire, il avait acquis, sinon le droit, au moins le prétexte et le moyen de l'asservir.

Grâce à ces heureuses prémices du règne

des Bourbons, en peu de jours leur nullité fut constatée et, simultanément, leur dissimulation, leur perfidie héréditaires. On se ressouvint du comte de Provence, on crut le retrouver sur le trône, le même qu'auprès du trône. On remarqua qu'un goût de prédilection, une préférence d'instinct l'attachaient à des agens ineptes ou de bien mauvaise foi, la plupart l'un et l'autre ; vous connaissez leurs œuvres. Nos seigneurs Dambray, Montesquiou, Ferrand et Blacas décernant l'infamie aux vertus civiques ; la Quotidienne asphixiant les plus illustres réputations ; l'empirisme de Chateaubriant, l'obscurante doctrine de Bonald, les impostures de l'ex-démagogue Beauchamp, les monologues de l'abbé Freyssinoux, les prédications fanatiques de ses confrères, les faciles manœuvres du confessionnal, la fermeture des boutiques aux jours de fêtes et dimanches, les processions dans la rue ; la volonté manifeste d'exproprier les acquéreurs de biens nationaux, l'esclavage de la presse, le renversement de nos meilleures institutions, l'avilissement de l'armée et du peuple français ; la conspiration permanente de la cour et des ministres contre cette constitution si vantée ; voilà , pendant dix mois , les principaux moyens d'illustration d'un trône exhumé, voilà les arrhes de notre imminente prospérité. Le moyen qu'elle nous échappât, puisque le premier acte du gouvernement avait été de prescrire le dimanche et d'attester la religion de l'État, par un culte public ! C'est bien dommage que culte public et tolérance impliquent contradiction.

D'autres l'ont dit, et je le dis avec eux ; même indépendamment du retour de l'empereur, le sceptre de Louis XVIII serait tombé de sa main gourde , avant très-peu de temps, au milieu des convulsions d'une guerre intestine. Il la prévoyait, les émigrés, les prêtres, les chouans travaillaient à s'en assurer le succès ; ils la hâtaient, par la raison que, d'un bout du royaume à l'autre, la constitution devenait notre unique régulateur, que nous l'invoquions, chaque jour , d'une voix forte et que, plus tard, sa seule autorité détruirait toutes les ambitions qui voulaient la détruire. Les dispositions , l'espérance des conspirateurs n'étaient point un secret impénétrable, bien des gens le connaissaient, un plus grand nombre le soupçonnait. C'est pourquoi sa

Inévitable insurrection.

majesté très chrétienne et son auguste frère, placés tout à coup, au mois de mars 1815, dans un danger pressant, jugèrent indispensable de démentir, par une déclaration solennelle, l'opinion répandue de leur mépris pour la charte. Ils vinrent annoncer aux représentans rassemblés qu'elle était, pour eux et leur famille, l'objet de la plus affectueuse tendresse. Deux ou trois jours, auparavant, ils avaient fait amende honorable à l'armée et pris l'engagement de réparer une longue série d'injures et d'humiliations, démarches arriérées, impuissantes, aussi lâches que ridicules, qui donnaient aux héritiers du superbe Louis XIV l'attitude de ces écoliers menteurs, protestant, sous la verge expiatrice, de leur innocence ou de leur repentir. Je n'ajouterai point, par de nouvelles preuves, elles seraient surabondantes, par de plus longs développemens, ils seraient superflus, à votre conviction que la même classe d'hommes qui souffla la tempête révolutionnaire a rejeté le vaisseau de l'Etat sur des abîmes. Que ces hommes, l'exécration de la France et le mépris de l'étranger, restent éternellement cloués, pour l'édification des siècles, au poteau de l'infamie ;

nous, c'est à sortir vainqueurs d'une lutte que nous ne désirions point ; c'est à défendre notre existence comme individus, notre existence comme nation, que nous devons employer toutes nos ressources individuelles, toutes nos ressources nationales. Démontrons maintenant la nécessité d'une défense unanime et vigoureuse, par l'injustice même de la guerre qu'on nous apporte.

Quels sujets de plainte la France a-t-elle donnés, depuis le traité de Paris, aux rois coalisés ? L'a-t-elle violé ? en est-ce une violation que d'avoir reporté Bonaparte sur le trône ? Mais, alors, il faudrait nous persuader que Louis XVIII n'a pas mérité d'en descendre. En attendant que la logique des manifestes remplisse une tâche aussi difficile, notre justification sort pleine et entière de cette vérité triviale, qu'*une nation bien gouvernée n'aspire qu'à rester ce qu'elle est.* Il dépendait de Louis le Désiré d'en faire une heureuse expérience ; que ne la faisait-il ? Dira-t-on, que, tenant l'ex-monarque de la libéralité de l'Angleterre et de ses co-associés, nous n'avons pas dû le renvoyer ou le laisser partir, sans leur autorisation spéciale ? A cela

Griefs des rois coalisés.

j'aurais vingt réponses ; je me borne à ces trois-ci.

Louis-Stanislas, de retour en France, a daté ses ordonnances et la charte octroyée, de la dix-neuvième année de son règne ; donc il a bien prétendu ne tenir sa couronne ni de notre choix, ni de celui de la coalition ; donc elle n'a point à se mêler de nos débats.

Si véritablement la coalition nous a imposé Louis-Stanislas, elle s'est rendue garant de sa bonne conduite ; or, puisqu'elle ne l'a pas déterminé à bien se conduire, nos obligations n'existent pas plus que cette garantie.

Nous n'avons point renvoyé Louis-Stanislas. Deux jours après sa promesse de ne pas nous quitter, il s'en est allé, la nuit, chargé de nos dépouilles.

Dira-t-on que personne, pas même monseigneur Blacas d'Aulps, ne le pria de rester ? Je répondrai qu'un roi que personne ne prie de rester, fait très bien de partir. Il doit s'apercevoir, au moment du départ, qu'il ne suffit pas de régner par la grâce de Dieu, par un extrait de baptême, ni par la puissance des baïonnettes anglaises, et qu'on règne beaucoup mieux par l'amour de son peuple. Dira-t-on

que l'armée a trahi Louis-Stanislas, et que le
succès d'une trahison ne saurait détruire les
droits du monarque trahi? Je nie qu'il y ait
eu trahison. Des sujets, soldats ou non soldats, trahissent le prince quand ils violent les
premiers le contrat bilatéral qui existe entre
eux et lui. Lorsqu'au contraire, le prince
manque le premier à ses engagemens, c'est
lui qui est le traître ; le contrat ne peut de-
meurer obligatoire pour une seule des parties
contractantes; il est dissous, anéanti. Dans
l'espèce, faits, principes, tout est contre Louis.
Il avait trompé, flétri, humilié l'armée; il
voulut chasser de leur asile ces orphelines
intéressantes, ces filles de nos guerriers qui,
tombés au champ d'honneur, les ont, en
mourant, léguées à la patrie. Il chassa des
milliers d'autres braves de cet autre asile où
la reconnaissance, debout sur le seuil de la
porte, recueille leurs glorieux débris. Il désho-
nora, par une prostitution réfléchie, le signe
et le prix même de l'honneur; il réduisit l'armée, promit la demi-solde à vingt mille offi-
ciers, et, du produit de cette économie, on
payait des régimens étrangers; on formait,
sous le nom de légion royale, une légion d'as-

sassins à domicile; un galérien fut le chef que la cour leur choisit. Des émigrés, également chargés d'années, d'ignorance et d'orgueil, des chouans, des voleurs de diligences, des chauffeurs commandaient aux vainqueurs de Quiberon, et, pour comble d'outrage, on s'occupa d'élever un monument en l'honneur des vaincus. Incapable de vaincre, Louis entreprit de diffamer la victoire. Non, cent mille fois non, les armées n'ont point trahi ce monarque anti-français; leur conduite, leur défection sont de justes représailles. Tant de violations de la charte, tant de parjures suffiraient d'ailleurs pour absoudre nos soldats, à ne les considérer même que comme Français, comme citoyens. Abjure-t-on ce dernier titre en devenant défenseur de la patrie? Que des corps armés ne soient pas des corps délibérans, s'ensuit-il qu'ils doivent être de simples automates, des machines organisées qui vont à droite, qui vont à gauche, en arrière, en avant, selon l'impulsion du machiniste? Ainsi, mes fils et moi nous remplirions également bien notre devoir, eux qui, au besoin, protégeraient, en leur qualité de soldats, l'infraction du pacte social, et moi qui

la réprouverais , en ma qualité de citoyen !
Ainsi le machiniste, sous le nom de consul,
de roi, d'empereur, pourrait mettre aux
prises les pères et les enfans, l'armée et la
cité! Si telles sont les conséquences de la doctrine de quelques publicistes, qu'ils se hâtent
d'aller siéger au divan ou dans les conseils du
Néron de l'Espagne; leur place est là.

L'armée, sous aucun rapport, n'a trahi
Louis-Stanislas, mais elle en a été trahie, *et
hoc erat demonstrandum.* Autres faits non
moins incontestables.

L'ex-monarque proclame, dans la banlieue
de Gand, que les soldats ont comprimé le dévouement des citoyens à son auguste personne. Mensonge audacieux, assertion calom-
nieuse qui n'abuse pas même les bourgeois
de sa résidence. Depuis le Var jusqu'à Paris,
le peuple forma les dix-neuf vingtièmes du
cortége de l'Empereur. Dans le midi comme
dans le nord , les dix-neuf vingtièmes du
peuple veulent l'empereur et rejettent les
Bourbons. S'il en était autrement, les torches
de la guerre intérieure ne seraient pas éteintes,
et le brave d'Angoulême continuerait d'in-

2*

sulter aux cadavres des vaincus, le lendemain
d'une grande victoire qu'il aurait remportée
sur une patrouille d'environ six hommes. Au
reste, que la presque totalité des Français
veuille où ne veuille pas de Napoléon, sa majesté très-chrétienne, et d'autres majestés qui
ne le sont pas moins, ont juré d'exterminer
la France, en vertu d'un raisonnement bien
simple. Nous avions, disent-elles, stipulé avec
Buonaparte, qu'il régnerait à l'île d'Elbe,
rien qu'à l'île d'Elbe, et qu'il n'en sortirait pas
sans notre permission. Il avait abdiqué le
sceptre impérial en des termes sacramentels,
et, voyez un peu l'effronté menteur; il part
de Porto-Ferrajo sans notre permission! il se
fait débarquer à Cannes sans notre permission! il ressaisit le sceptre impérial sans notre
permission!! Plus de miséricorde; périsse
l'usurpateur, périsse jusqu'au dernier de ses
partisans. Tel est le bon plaisir de nos majestés héréditaires; tel est notre arrêt définitif
dont la mise à exécution commencera ce jour-
d'hui 13 mars, l'an de grâce 1815. A ces fins,
voulons et ordonnons que six cent mille de
nos ilotes, nos landsturms, nos landswehrs

parcourent la France dans tous les sens, de Strasbourg à Bayonne, de Dunkerque à Antibes, et de Versoix à Landernau.

Recueillons toutes nos facultés intellectuelles et voyons s'il est possible de faire brèche à ce terrible raisonnement. Les six cent mille baïonnettes anglo-russes et germaines, les landswehrs et les landsturms, voilà, j'imagine, son côté le plus fort; je l'abandonne à la logique serrée de nos bataillons, à l'analyse imposante de nos gardes nationales, à la critique détaillée de nos paysans, et je fais mon affaire du reste.

Hauts et puissans seigneurs, Buonaparté, dites-vous, ne pouvait sortir de son île sans votre permission. Je n'en conviendrais pas quand bien même vous auriez tenu votre promesse de l'y laisser vivre, à plus forte raison quand vous avez voulu la violer. L'Europe sait comme vous qu'il allait être transporté à Sainte-Hélène. N'était-ce qu'un faux bruit? nous l'avons cru vrai, nous le croyons encore; et le plus intéressé, Napoléon, a dû le croire, puisque vous laissiez nos journaux et les vôtres provoquer, annoncer son prochain déménagement. On a publié les preuves de votre persévérance à lui manquer de parole en tous points ; inscrivez-vous en faux, et n'oubliez pas de joindre les pièces à l'appui. *Napoléon ne devait pas quitter son île sans votre permission !* mais les ministres anglais qui vous font commandite ont eux-mêmes préparé, favorisé son évasion. Dans quel but ? Notre ruine, au moyen très innocent d'une guerre civile ; à défaut de la guerre civile, d'une guerre continentale ; compensation précieuse pour les faiseurs de commandite. Tienne le pari qui voudra, je défie l'être le plus impassible de réfléchir un instant à la conduite de ces rois coalisés, sans que le cœur lui bondisse d'indignation. Leurs manifestes accusent l'Empereur de perfidie et nous de révolte, tandis que, depuis dix mois, ils dégradent l'espèce humaine, ils se parjurent chaque jour à la face du monde entier. C'est un crime à nous d'avoir relevé le trône impérial ; ce n'est point un crime à eux d'avoir mutilé, déshonoré le roi de Saxe et proscrit celui de Naples qui les aida, qui les servit. Ils s'étaient armés pour délivrer l'Europe de notre domination ; ils la poussèrent sur nous par la promesse de lui restituer ses lois, ses

antiques formes, et le congrès de Vienne a Magnani-
mité du con-
grès.
dévoré deux républiques que leurs longues
infortunes devaient rendre sacrées. Il a ga-
rotté la Pologne de chaînes plus fortes; il a
disloqué, divisé, subdivisé l'Allemagne, ta-
rifé, partagé ses habitans, comme font, sur
un champ de foire, les acquéreurs sociétaires
d'un troupeau de mérinos. Voilà les suprêmes
régulateurs de nos destinées! voilà ceux qui
nous dévouent à la mort, ou, pire encore,
au plus honteux esclavage! Eh bien, puisque
ces brocanteurs d'hommes nous forcent à la
guerre, qu'elle soit leur extermination ou la
nôtre; marchons d'un pas ferme, marchons
d'accord, elle sera la leur.

Quels motifs fondés, quelles justes pré-
ventions viendraient ralentir ou détourner
la marche du grand peuple? Avons-nous à
craindre que Napoléon veuille nous recourber
sous le joug du despotisme? Avons-nous à
craindre qu'il y parvienne? Ces deux points
méritent d'être examinés, et je crois, sans
présomption, convenir à ce double examen.
Personne plus que moi, plus cordialement
que moi, n'a détesté Napoléon despote. Je
n'avais pas attendu, pour le maudire, ses

revers militaires ; mes imprécations l'atteignaient dans l'apogée de sa gloire, et, lorsqu'après son alliance avec une famille auguste, je le vis toujours plus affamé de pouvoir et de conquêtes, je n'hésitai pas à prédire sa chute et nos malheurs. Je les prédisais en public, comme en particulier, avec si peu de réserve que je suis encore à comprendre comment il me reste la faculté d'exprimer, aujourd'hui, ma surprise. Ainsi, j'ai bien acquis quelque droit de me prévaloir, non pas de l'autorité, mais de la sincérité de mon opinion présente sur les sentimens de l'Empereur. Veut-il redevenir tyran ? je suis fort éloigné de le penser. Il aurait continué de l'être, même à un plus haut degré, s'il ne fût jamais descendu du trône, ou s'il y fût bientôt remonté par la force et la victoire. Alors, débarrassé de ses ennemis du dehors, il pouvait se faire de ceux de l'intérieur un mémorable holocauste. De lâches courtisans, des hommes engraissés de la misère publique et poursuivis, la veille, par la publique indignation, seraient accourus attiser sa vengeance, comme jadis ils attisaient son ambition et, de long-temps, les victimes n'auraient

manqué de sacrificateurs. Vous eussiez vu
cette meute d'écrivains qui s'est ruée, avec
tant de courage, sur Bonaparte abattu, im-
puissant, solitaire, applaudir, encourager
Napoléon reproduisant Marius. Vous les eussiez entendus gourmander doucement sa mo-
dération passée, et l'avertir que l'expérience
de notre ingratitude lui prescrivait de re-
noncer à sa bonté native. Oh ! bénissons les
décrets de l'éternelle sagesse ; si elle souffre
sur la terre le bohon-upas et les Château-
briand, des vipères et des Feletz, elle sait aussi
quels moyens remplissent le mieux son but
qui n'est pas de détruire. Il fallait que Napoléon cessât d'être roi, pour apprendre à l'être
un jour, et que son âme altière ployât sous
le poids du passé, pour devenir capable des
expiations de l'avenir. Dans la solitude, loin
des flatteurs et des esclaves, hors du prestige
de la toute-puissance, quelle situation ! quels
avantages pour se juger soi-même ! Je crois le
voir au milieu de journaux, de brochures
qu'il vient de parcourir, la tête appuyée sur
une main, l'air sombre, le regard fixe et
cloué sur la terre. Son attitude, l'expression
de son visage est celle d'un homme qu'un

Nécessité de la chute de Napoléon.

Confession de Napoléon.

sentiment pénible fatigue, oppresse sans l'a-
battre. Tout à coup, il se lève, il marche à
grands pas; je l'entends proférer des mots
isolés, des phrases entrecoupées. — Oui ,
oui.... ils ont raison....jamais, non, jamais....
les lâches, les traîtres!..... je ne respirais que
sa gloire..... Lui aussi, lui que j'ai daigné
ramasser dans la boue !..... Tout n'était pas
perdu.... Soixante mille braves.... N'importe...
La France dévorée par ses propres enfants!....
Un parricide !

Il prononce ces dernières paroles avec un
mouvement d'horreur, reste un instant debout, à la même place, les bras pliés l'un sur
l'autre ; la tête penchée sur la poitrine, et se
rassied ensuite. Sa figure est plus calme, elle
peint cette satisfaction intérieure de quelqu'un qui se rend le témoignage d'une bonne
action. Des larmes roulent dans ses yeux, à
quelques mots sans suite qui lui échappent
encore, à ceux-ci, par exemple : — C'était-là
ma véritable route..... système absurde.....
je remplirai ma destinée ; à ces seuls mots
j'ai deviné son repentir, ses espérances, toute
sa pensée. Il s'accuse d'avoir méconnu la grandeur réelle et fait servir son génie, ses pre-

miers trophées, l'enthousiasme de l'armée, le dévouement national à se rabaisser au niveau des conquérans et des despotes.

Il s'accuse d'avoir mis la cognée à l'arbre de la liberté, pour en construire un trône, au lieu d'adosser le trône à l'arbre même.

Il s'accuse d'avoir courbé le front des rois dans la poussière, sans relever la majesté des peuples, et couvert de nos ossemens la surface de l'Europe, sans accomplir la volonté de celui qui le forma pour en briser les fers. Il se rappelle ce qu'il fit de grand, d'utile pour sa patrie; encore quelques jours, et la trace en aura disparu. L'édifice que son bras éleva si haut, sur des fondemens qui ne lui étaient pas destinés, s'écroule de toutes parts; il en contemple les ruines éparses; elles l'accusent, et son âme se brise de douleur. Les yeux levés vers le séjour de l'Éternel, il le supplie, il le conjure de ne pas souffrir plus long-temps l'opprobre de la France, et l'Éternel daigne accueillir sa prière; il le ramène sur son trône et l'y couvre de son égide. N'y a-t-il pas, en effet, une intervention surnaturelle, dans la manière dont ressuscita pour quelques jours la dynastie des Bourbons,

dans leur conduite insensée, leur fuite hon-
teuse, et dans la marche triomphale de cet
homme que, dix mois auparavant, on haïs-
sait jusques à l'ingratitude ? Indépendamment de la garantie que nous donnent son
caractère incapable de bassesse, le noble aveu
de ses erreurs, l'épreuve qu'il a faite des
malheurs où conduit une ambition sans
bornes, l'indivisible union de ses intérêts et
des nôtres, la conscience de nos destinées
et de la sienne, enfin, tout ce qu'il a déposé
de son autorité, dans l'espace de cinq ou six
semaines; indépendamment, dis-je, de cette
garantie, ne semble-t-il pas que le ciel même
ait voulu le cautionner et répondre de lui?
Supposons, cependant, que Napoléon aspire
à la puissance absolue, il ne la recouvrera
point, les occasions et les moyens lui man-
queront également. Les occasions seraient la
guerre intérieure ou les guerres au dehors.
La première le constituerait nécessairement
dictateur, et plus elle aurait été longue, san-
glante, terrible, plus il deviendrait difficile,
après la défaite de ses ennemis, de le dépouil-
ler d'une dictature dont nous aurions con-
tracté l'habitude. Les vaincus n'oseraient

réclamer la liberté, les vainqueurs exploite-
raient la servitude à leur profit. Par bonheur,
cette pourvoyeuse extraordinaire des char-
niers de la mort, la guerre civile n'apparaît
qu'à de longs intervalles. La guerre exté-
rieure, les succès, les conquêtes sont des
événemens plus ordinaires, et, sous ce point
de vue, ils m'effrayeraient davantage. Des
légions victorieuses, identifiées avec le plus
étonnant des héros, et qui reproduiraient
dans nos âmes toute l'impression de ses an-
ciennes victoires, par l'impression des plus
récentes; des guerriers dévoués jusqu'au
fanatisme et prompts à justifier leur dévouement par l'amour même de la patrie; je ver-
rais là de grands motifs d'inquiétude, à moins
que Dieu ne se hâtât d'intervenir en sa qualité de caution. Il s'offre, pourtant, contre
cette hypothèse et dans cette hypothèse,
quelques considérations rassurantes; écoutez!
écoutez !

L'acte constitutionnel dont je crois les bases
très bonnes, sauf l'hérédité de la pairie, et
dont il sera facile d'amender les accessoires,
cet acte met, dans nos mains, les cordons de
la bourse. Au souverain (le peuple) appar-

Guerre au dedans.

Guerres au dehors.

tient le droit de voter les subsides ; le souverain votera, négativement, tant qu'il ne ju-
gera pas nécessaire une nouvelle récolte de
lauriers. Or, nos agresseurs repoussés, nos
frontières balayées, et, par une conséquence
immédiate de l'agression, reportées à la rive
gauche du Rhin, pourquoi les dépasserions-
nous ? Serait-ce afin de reconquérir les majo-
rats de quelques employés civils ? C'est bien
assez du traitement de leurs places. Afin d'a-
grandir les rois de nôtre création ? Ils ont
montré tant de reconnaissance. Afin de refaire
rois quelques membres de la famille impé-
riale ? il doit leur suffire d'être princes français. Aucune raison plausible ne pourra donc
déterminer la guerre au-dehors, et Jacques
Bonhomme ne déliera pas les cordons, avec
autant de promptitude que le crédule John
Bull. Voilà, si je ne me trompe, une consi-
dération qui rassure contre l'hypothèse des
excursions chevaleresques; raisonnons, maintenant, dans cette hypothèse même.

J'admets qu'un jour, nous ayons aussi des
Castlereag, platement orgueilleux, mentant
avec audace, déraisonnant avec succès; nous
franchirons nos limites; la Sprée, la Vistule,

le triste Mançanarès vont revoir nos éten-
dards. Où croyez-vous qu'aboutissent ce snou- Leur
résultat.
velles conquêtes ? A de nouveaux soulève-
mens, à la ligue des peuples, à notre humi-
liation. L'insatiable conquérant aura perdu,
pour jamais, sa gloire et sa couronne, il aura
passé, sur la terre, comme l'ouragan de l'équi-
noxe, qui n'y laisse que des ruines. Vous
vous trompez, va-t-on s'écrier ; cette fois-ci,
Napoléon triomphera, pour la cause sacrée ;
les peuples deviendront nos amis, nos auxi-
liaires. Fort bien ; mais, d'abord, remarquons,
en passant, qu'il serait plus sage de s'en tenir
à leur donner l'exemple d'une bienfaisante
régénération. La philantropie, vertu très re-
commandable, dans les particuliers, me paraît la plus haute des sottises, dans un gouvernement. Le patriotisme et la liberté doivent être égoïstes, voyez les riverains de la
Tamise. Philantropes fervens dans leurs livres,
dans leurs discours, ils embrasent l'Europe
plutôt que de souffrir qu'une autre nation soit
libre, à sa manière ou à la leur. On dirait
que, pour se croire des hommes, ils ont besoin qu'il y ait, partout, des esclaves. Remar-
quez, ensuite, que, si nous émancipons dans

notre voisinage et au-delà, plusieurs millions de
ces bipèdes que Dieu fit à son image, ce serait
bien malheureux de ne pas savoir où pouvoir
rester libre soi-même. Napoléon démuselerait
l'Europe et muselerait sa patrie! Je ne des-
cendrai pas à refuter de telles absurdités.
Fût-il, d'ailleurs, le plus audacieux des jon-
gleurs politiques, et nous le rebut de l'espèce
humaine, je ne croirais pas encore notre as-
servissement très facile. Les événemens d'une
période de vingt-cinq années, la duplicité des
Bourbons, les crimes du congrès, un concours
inouï d'impérieuses circonstances, nous ont
poussés vers un but que nous voulons atteindre; l'impression est forte, irrésistible.
Justice, reconnaissance à l'Empereur, ses
actes publics attestent qu'il ne s'est pas mépris sur la nature, sur les résultats nécessaires
de cette impulsion, puisqu'il la seconde, puisqu'il la dirige avec ardeur et sagesse. Qu'il
faut être bien tourmenté du besoin de la
haine, bien aveuglé par de stupides préven-
tions, pour attribuer une arrière pensée, une
intention perfide à celui qui se dépouille de
l'immensité de sa puissance, et met, en outre,
dans nos mains, les moyens d'empêcher qu'il

ne la reprenne! Lâches détracteurs, l'homme
que vous accusez de l'avenir est le même
qu'une armée de soixante mille soldats d'élite
entourait, à Fontainebleau, qui pouvait s'éta-
blir au centre de la France, y recevoir des
renforts et compter sur des départemens dont
la population s'était déjà levée en masse. Malgré sa persuasion que l'intrépidité de tant de
braves, le désespoir de tant de victimes, les
frémissemens de l'orgueil national, le spectacle d'un héros aux prises, avec l'infortune,
le temps et son génie lui amèneraient plus
d'une chance favorable; il s'éloigna. Il fit à
l'amour de son pays le sacrifice d'un ressenti-
ment, d'une espérance légitimes. Son départ,
comme son retour, nous a préservés de la
guerre civile. Si rien, dans cette conduite, ne
porte le caractère de la magnanimité, et qu'en
même temps vous ayez tout prêt, pour l'état
et pour l'armée, un chef plus éclairé, plus
ferme, plus imposant, un capitaine plus con-
somme, plus fécond en prodiges, donnez,
donnez vite l'homme qui mérite d'être mis à
sa place. *Eh! que m'importe Napoléon? ce
n'est pas lui qu'il s'agit de défendre, c'est la
France, nous, nos femmes, nos enfans.* En le

préférant à tout autre, je ne considère que
l'intérêt de tous, et je motive ma préférence.
Nos intérêts sont les siens, notre cause est la
sienne ; sorti de nos rangs, fils de la liberté,
il ne peut plus existter que par elle. Avons-
nous besoin qu'il descende d'Henri IV ? Ses
victoires, ses services, voilà ses ancêtres ;
notre choix, notre confiance, voilà ses titres.
Il n'a point à venger sur la patrie le sang d'un
frère qu'elle n'a pu regretter ; il n'a point à
dresser des échafauds, pour soulager la piété
filiale qui réclame cette vengeance. Des lévites
imposteurs ou fanatiques ne lui demandent
pas l'intolérance et la dîme ; il ne doit point à
des Français transfuges, en récompense du mal
qu'ils ont fait et du mal qu'ils ont voulu faire, les
honneurs, les places, les emplois, la fortune
nationale. Si nous lui reprochons de grandes
fautes, de grandes compensations les avaient
précédées, et de plus grandes vont les suivre.
Doutez-vous qu'il le veuille ? J'ai montré que
ce doute est injuste, et, surtout, qu'il n'est
plus en son pouvoir de rétablir le despotisme.
Appuyé du témoignage d'une génération encore debout, j'ai dit que la noblesse, le trône
et l'autel furent la première cause des excès

d'une révolution qui n'est pas terminée ; appuyé de la présence des faits, j'accuse la noblesse, le trône et l'autel d'être la cause immédiate de la crise où nous voici. Jamais crise
plus grande, plus terrible, n'a commandé
l'union de toutes les volontés, le développe-
ment de tous les efforts. La servitude ou la
liberté ! l'infamie ou la gloire ! ! !..... Le choix
d'un peuple généreux ne pouvait être difficile.

Nos guerriers s'élancent aux frontières ;
l'Armorique et les Alpes, le Basque audacieux,
le belliqueux Alsacien se répondent par le
chant d'alliance. Nos villes, nos provinces se
confédèrent, la France se relève, dans l'attitude du géant des combats. Quel est donc, au
milieu d'un dévouement si sublime, ce troupeau d'insensés qui rêvent le prompt retour
d'une famille odieuse et ne croient pas l'ache-
ter trop cher de l'effusion du sang humain, du
déchirement, de l'opprobre de la nation ? ils
portent le délire jusqu'à manifester leurs vœux
homicides ; accoutumés à se nourrir de la
honte, ils nous proposent le même aliment à
nous qui lui préférons la mort. Je ne connais
qu'un crime plus grand que celui d'aller se

joindre aux étrangers, pour combattre sa patrie, c'est de rester dans son sein, d'habiter
parmi ses défenseurs, pour les maudire de
plus près. Le royaliste du dehors se présente,
les armes à la main, il risque sa propre vie en
attaquant la nôtre, et si l'attaque fait horreur,
au moins elle n'est pas sans quelque sorte de
courage. Le royaliste du dedans se présente
désarmé, afin de ne pas nous laisser le droit
de l'étendre sur la poussière. Il ne lance que
le dard de la calomnie, que le venin de sa
langue, bien assuré d'échapper, par ce genre
de combat, à la colère des braves. Toute son
audace est celle d'une femme, toute sa force
celle d'un journaliste. Ardent à décourager
nos espérances et nos efforts, il encourage,
il excite, il appelle les ennemis. Au jour des
batailles, ses mains seront tendues vers le
ciel, pour en obtenir notre défaite, et, s'il
l'obtient, il s'empressera de passer dans le
rang des vainqueurs, il achèvera les vaincus,
il nommera, généreusement à ses *maîtres légitimes*, les bons citoyens que leur vengeance
doit atteindre. Ignobles agitateurs, partez,
allez entourer le trône à roulettes du descendant d'Henri III ; vous commettrez un crime,

mais qui ne sera point comme votre présence parmi nous, le plus lâche des crimes. Qu'attendez-vous, ici? l'invasion, le triomphe des hordes exterminatrices? Malheureux, qui vous a garanti que vous assisteriez à nos funérailles? Redevenez Français, s'il se peut, prouvez, par vos œuvres, que vous l'êtes redevenus, ou fuyez, fuyez au plutôt, cette terre dont les habitans ne veulent plus se courber que sous le sceptre des lois, et qui ne souffrira désormais ni tyrans viagers ni tyrans héréditaires. Soldats-citoyens, citoyens-soldats, *marchons d'un pas ferme, marchons d'accord;* le signal des combats redeviendra le signal de nos victoires, l'infamie du joug des Bourbons aura cessé, pour toujours, et, si Napoléon, contre ses sermens, contre ses intérêts, contre toute vraisemblance, essayait ensuite de réorganiser la servitude, debout! debout! présentons-lui d'une main l'acte constitutionnel et de l'autre l'irrévocable arrêt de sa déchéance...... Liberté, patrie, honneur! Eh! que m'importe Napoléon?

NOTES
COMPLÉMENTAIRES.

Page 1re. *Prévenir et réprimer.* Je laisse aux plus habiles à déterminer ce qu'il faut admirer le plus, dans cet incomparable abbé. Est-ce son courage ? Est-ce son éloquence ? Celle-ci frappa de terreur tous les pères de famille, dans la chambre des députés, et les convainquit qu'avec la liberté de la presse, on ne pourrait dorénavant marier les demoiselles. L'autre signala dans la chambre des pairs, l'invention de l'imprimerie, comme le plus horrible des fléaux. M. le comte Dedeley-d'Agier essaya de défendre Jean Guttemberg ; peine perdue, on tremblait déjà pour l'invention de la boussole.

Page 2. *A la corruption de la cour.* On ne peut imputer qu'à la cour la triste insignifiance des deux assemblées de notables, la fameuse séance du parlement, au 19 novembre 1787, les abus de pouvoir, les violences qui en furent la suite ; ce projet de cour plénière, ces lits de justice où l'on consacra les dogmes du plus intolérable despotisme ; le siége établi devant le sanctuaire des lois, son invasion a main armée, l'enlèvement des magistrats et tant d'autres excès plus ou moins notoires, plus ou moins criminels. Ce bon, ce vertueux Louis XVI ordonnait tout cela. Lui présent, son chancelier proclamait en plein parlement, que le pouvoir législatif réside dans la personne du roi, sans dépendance et sans partage. Il ajoutait que le roi doit compte à Dieu seul de l'exercice du pouvoir suprême. Voilà ce qui s'appelle se mettre à son aise.

Page 2. *Lors des élections aux états généraux.* Les nobles et les prêtres firent de leur mieux, pour empêcher le tiers état d'avoir un nombre de députés égal au nombre total des deux autres ordres ; c'est pour cela qu'on se battit à Rennes ; il y eut bataille dans les rues, les gentillâtres armèrent leur valetaille. L'archevêque d'Ambrun était dans sa province, à la tête des opposans ; à Paris un ecclésiastique déclara, dans l'assemblée du clergé, qu'il était de l'avis de monseigneur l'archevêque, pour tout ce que monseigneur avait dit et pourrait dire.

Page 3. *La plupart des provinces manquaient de subsistances.* A la bonne heure ; mais il est vrai de dire que le 12 mai, le clergé nomma une députation, pour assister au service du feu Louis XV, et que, le 5 juin suivant, on vota l'eau bénite au Dauphin. Ce fut le 17 du même mois, que les communes se constituèrent en assemblée nationale, sous les yeux de quatre mille spectateurs. A cette époque, quelques curés s'étaient déjà réunis à elles ; entr'autres l'abbé *Grégoire.* L'attitude imposante des communes effraya la cour et les nobles, sans opérer leur conversion, et, le 20 juin, jour où la majorité du clergé devait se réunir à l'assemblée nationale , des hérauts d'armes publièrent dans les rues de Versailles, que le roi tiendrait incessamment , une séance aux états généraux , et qu'ils étaient ajournés jusqu'après cette séance. Un détachement de gardes françaises s'empara du local ; pour plus de précautions, on en avait courageusement enlevé les banquettes , la nuit précédente. Précautions et courage inutiles , les députés allèrent délibérer debout, autre part ; on ne tint aucun compte de l'ajournement. On n'en tint pas davantage de la séance royale qui eut lieu le 23 ; elle ne fut mentionnée au procès-verbal que pour mémoire ; l'assemblée nationale fit des décrets , garda son nom. et le roi ne garda guères que le sien. Seulement, le fameux Duval d'Espremenil s'avisa d'accuser le tiers état de haute trahison , on en rit ; quelques citoyens actifs voulurent haranguer de trop près l'archevêque de Paris, présumé l'un des auteurs de la séance royale , et monseigneur n'en rit pas. Rendons cependant hommage à la minorité de la noblesse ; le lendemain du lit de justice , elle déclara vouloir se joindre aux plus forts, et , le surlendemain plusieurs de ses membres s'y joignirent en effet ; parmi ces derniers , on remarqua M. d'André , tout récemment ministre , et ministre habile, de la police de Louis le Désiré.

Page 4. *La noblesse et le clergé vinrent se réunir aux communes.* La réunion totale des deux chambres dissidentes eut lieu le 27 juin. Le matin même , dans un comité dont les princes , le président de la noblesse et celui du clergé firent partie , le roi en avait d'abord donné le conseil et ensuite l'ordre positif. Il le voulut

et persista à le vouloir, malgré les vives représentations
du duc de Luxembourg qui présidait les nobles. Sa
Majesté, fort étonnée de l'entendre soutenir que,
pour l'intérêt même de la couronne, il fallait bien se
garder d'opérer la réunion, lui commanda de s'ex-
pliquer, et le noble duc s'expliqua, comme il suit ;
« Oui, Sire, c'est ici la cause de la couronne. La
» noblesse n'a rien à perdre à la réunion que votre
» Majesté désire, elle n'aura des suites fâcheuses que
» pour votre Majesté. Vous n'ignorez pas quel degré
» de puissance l'opinion *et les droits de la nation* dé-
» cernent à ses représentans. Elle est telle cette puis-
» sance que l'autorité souveraine dont vous êtes revêtu
» *demeure comme muette en sa présence.* Le pouvoir
» sans bornes existe, avec toute sa plénitude, dans les
» états généraux, de quelque manière qu'ils soient
» composés ; mais leur division en trois chambres,
» *enchaîne leur action et conserve la vôtre.* Réunis, ils
» ne connaissent point de maître ; *divisés, ils sont vos*
» *sujets.* Le déficit de vos finances et *l'esprit d'insubor-*
» *dination de l'armée arrêtent, je le sais, la délibéra-*
» *tion de vos conseils ;* mais il vous reste, Sire, votre
» fidèle noblesse. Elle a le choix d'aller partager, avec
» ses co-députés, la puissance législative ou de mourir,
» pour défendre les prérogatives du trône, son choix
» n'est pas douteux. *Elle mourra* et elle n'en demande
» aucune reconnaissance, c'est son devoir ; mais
» en mourant, elle sauvera l'indépendance de la
» couronne et frappera de nullité les opérations de
» l'assemblée nationale qui, certainement, *ne pourra*

» *être réputée complette*, lorsqu'un tiers de ses mem-
» bres aura été livré à la fureur de la populace et au
» fer des assasins. Je conjure votre Majesté de daigner
» réfléchir sur ces considérations. » *Ab uno disce om-
nes*, les voilà bien tous! Ce discours du noble duc ex-
prime, à merveille, les principes qui ont dirigé la conduite de sa caste. Dans la louable intention de causer
plus de frayeur à son maître, l'habile courtisan recon-
naît, exagere même les droits, la puissance du peuple qu'il n'aurait pas avoués en public. Il conseille,
sans le moindre scrupule, de paralyser, d'anéantir
l'action des états ; les moyens de succès ne l'embar-
rassent, en aucune manière. Que la brave noblesse
coure aux armes, il arrivera de deux choses l'une ; ou
bien secondée par les quarante mille hommes qui en-
tourent Paris, elle sera triomphante, et, dans cette
hypothèse, on calcule facilement les suites du triomphe ; ou bien, elle sera vaincue : dans ce dernier
cas, on publiera qu'*elle a succombé sous le fer des as-
sassins* ; la représentation nationale se trouvera beaucoup trop écourtée ; plus de décrets ou de décrets
valides, et les prérogatives du trône demeureront in-
tactes. Je doute néanmoins, que, si messieurs les nobles
eussent essayé de succomber, il en fût advenu tout
juste ce qu'espérait le président. N'importe, cela pouvait se dire, aussi bien que le reste, et produire son
effet. Le même discours nous apprend encore que le
déficit des finances et l'insubordination de l'armée *ar-
rêtaient* les délibérations des conseils de Sa Majesté,

avec de l'argent et des soldats, qu'auraient donc fait ces messieurs ? Devinez.

C'est, ici, le lieu d'observer que les événemens qui marquèrent le mois de juillet ne seraient pas arrivés, si Louis XVI eût ordonné l'éloignement de l'armée, en même temps que la réunion des chambres. L'assemblée nationale avait sollicité, plus d'une fois, cet éloignement, avant le 27 juin ; vainement, jusqu'au 15 juillet suivant, elle réitéra ses instances. Le Démosthène français eut beau s'écrier du haut de la tribune que ce n'étaient point les baïonnettes qu'il fallait opposer aux convulsions de la misère ; il eut beau demander qu'on n'employât, pour apaiser le peuple que l'autorité de ses représentans et la puissance de la raison, Louis, indignement abusé, persévéra dans son funeste système. Il exigeait le rétablissement du calme, comme condition préalable du départ des troupes, tandis que leur présence inutile avait seule produit le trouble et l'augmentait chaque jour. Confondant ainsi l'effet avec la cause, plus l'exaspération de la capitale se manifestait, plus il rassemblait de soldats à ses portes. Déjà, le maréchal de Broglie était accouru de Strasbourg, pour commander l'armée, composée, en partie de régimens étrangers. On sait si cet appareil militaire intimida Paris ; si le dimanche, 12 juillet, le prince de Lambesc porta son audace chevaleresque, bien en deçà du pont tournant des Tuileries, et comment, dans la soirée du même jour, fut accueilli sur le boulevard de la Magdelaine, le détachement de hussards qui voulait , au moins , nous faire peur. On sait si les Parisiens , malgré la proximité d'un camp nombreux , hésitèrent à courir aux armes , et comment leur indignation les conduisit deux jours après , sous les canons de la Bastille ; tant il est vrai que l'amour de la liberté

> Donne à l'homme un courage , inspire une grandeur
> Qu'il n'eut jamais trouvés, dans le fond de son cœur.

Le lendemain , 15 juillet , le roi congédia ses troupes et vint lui-même , sans suite , sans cortège , annoncer à l'assemblée ce tardif congé. A la vue du spectacle que la capitale présentait , le sentiment de la liberté s'éveilla dans le cœur du soldat ; il convoita cette indépendance qui ne pouvait s'obtenir ; sans dangers , ni se concilier , ensuite , sans difficultés , avec l'indispensable joug de la discipline. Déterminer l'insurrection du peuple , préparer celle de l'armée , tel fut le beau résultat de l'obstination du roi, dans la plus imprudente mesure. Que de hautes sottises et quelle ignoble manière de les réparer ! Ai-je eu tort de dire qu'il avait trempé de ses propres mains sa couronne dans la boue ?

Page 6. *Ces messieurs , s'enfuirent sous le grand prétexte d'un danger personnel.* Apparemment que quiconque n'émigrait pas n'avait aucun danger à courir ; nous étions sans doute à l'abri de la foudre , nous républicains irréprochables qu'ils accusent des malheurs de la patrie et qui en avons été les premières victimes ; nous qu'elle a vus bravant le fanatisme démagogique ne survivre à nos amis que dans l'espérance de renverser la démagogie. Ah ! s'il fallait quelque courage, pour fuir chez l'étranger, il nous en fallut un peu plus, pour rester dans nos foyers, auprès de ce vaste incendie qui dévorait, pêle-mêle, les rangs, les âges, les sexes, le crime et la vertu. Combattre au pied de l'échafaud, avec la certitude d'y monter, après une défaite, au milieu des imprécations de la populace, c'était au moins aussi hardi que d'aller à Vienne, à Pétersbourg, à Londres, lire dans la gazette, le nombre et le nom des vaincus. Ces illustres proscrits qu'on essaya de flétrir du nom de Girondins, tombés la plupart sous le fer des bourreaux, qu'on m'apprenne qu'ils n'eurent rien d'héroïque ni dans leur vie, ni dans leur mort ; alors, je cesserai d'admirer Socrate et Phocion. Éternel apologiste de l'émigration, donnez lui tant qu'il vous plaira, l'honneur pour mobile ; la honte ne sera jamais l'honneur, le crime ne sera jamais la vertu, excepté dans vos écrits où ils ont échangé leurs noms. Vous ne parviendrez pas à effacer du mémorial de l'infamie ces chevaliers français qui combattirent la France, ceux-là surtout, qui après l'avoir combattue, sont venus par intérêt abaisser leur orgueil, devant une Majesté roturière qu'ils ont trahie, ensuite, et diffamée. Vous n'en effacerez pas ceux qui, comme vous, firent nombre dans cette légion plébéienne d'écrivains apostats, prédicateurs du mensonge, apôtres du scandale. Le dirai-je ? Quelques-uns de ces illustres paladins, sont descendus plus bas encore. Ils exerçaient, depuis leur rentrée, un emploi d'une nature si odieuse que, même parmi la plus vile canaille, le nom du titulaire est la dernière des injures. Je dois cependant à la vérité de déclarer que, même avant l'intérim de Louis XVIII, leurs fonctions avaient cessé. Ils étaient *brûlés*, terme d'argot qui veut dire *connus*; on ne pouvait plus les utiliser.

Page 9. *Il se hâta de livrer nos places fortes.* Je crois, d'après la grandeur de son désintéressement, que, si les alliés en eussent témoigné la moindre envie, la royale altesse aurait également débarrassé son auguste frère des trois quarts du royaume. Lorsqu'à son arrivée, il annonça que rien n'était changé, qu'il n'y avait, en France, qu'un Français de plus, ce fut, sans doute, un *lapsus linguæ*; il devait dire *pas un Français de plus*. Généreux, affable, poli comme le marbre, plus brave que son épée; où trouver un prince plus accompli? J'ai entendu quelques bonnes gens s'adresser cette question.

Page 12. *On se ressouvint du Comte de Provence.* Dans l'intention, probablement d'aider aux mémoires difficiles, quelqu'un fit circuler les vers suivans, peu de temps après son arrivée.

> Presqu'autant qu'un Jésuite il est sincère et franc;
> Brave comme un abbé, tempérant comme un carme,
> Il a d'un capucin l'éloquence et le charme;
> Que de vertus Louis étale au premier rang !
> De ses ingrats sujets vainqueur, sans les combattre,
> Ce roi, tombé du ciel, vaut dix fois Henri Quatre;
> Voulez-vous, comme moi, l'évaluer son prix?
> Lisez le Moniteur, vingt germinal an six.

Le roi tombé du ciel commit une grande, bien grande iniquité, en faisant condamner à une forte amende et à cinq années d'emprisonnement les libraires qui avaient réimprimé et vendu le Moniteur du 20 germinal. Leur extrait, où son signalement moral par M. de Montgaillard, se trouve aussi réimprimé, ne contenait aucune observation, aucun commentaire, ni suppressions, ni additions. On n'était pas plus criminel, en vendant cet extrait qu'en vendant les ouvrages mêmes qui l'ont fourni.

Page 12. *L'empirisme de Châteaubriant.* Revoyez la dernière moitié de la note ci-dessus, page 46, ou contentez-vous de la citation suivante ; elle forme le début du discours que ce fameux personnage voulait prononcer pour sa réception à l'Institut, et que l'Institut ne voulut pas laisser entendre.

« Messieurs, lorsque Milton publia le Paradis perdu, aucune voix ne s'éleva, dans les trois royaumes de la Grande-Bretagne, pour louer un ouvrage qui, malgré ses nombreux défauts, n'en est pas moins un des plus beaux monumens de l'esprit humain. L'Homère anglais mourut oublié de ses contemporains, laissant à l'avenir le soin d'immortaliser le chantre d'Éden. Est-ce là une des grandes injustices littéraires dont presque tous les siècles offrent des exemples ? Non, Messieurs, à peine échappés aux guerres civiles, les Anglais ne purent se résoudre à célébrer la mémoire d'un homme qui se fit remarquer par l'ardeur de ses opinions dans un temps de calamité. Que réserverons-nous, disaient-ils,

à la tombe du citoyen qui se dévoue au salut de son
pays, si nous prodiguons les honneurs aux cendres du
citoyen qui peut, tout au plus, nous demander une
généreuse indulgence? La postérité rendra justice aux
ouvrages de Milton ; mais nous, nous devons une leçon
à nos fils. Nous devons leur apprendre, par notre silence que les talens sont un présent funeste, quand ils
s'allient aux passions, et qu'il vaut mieux se condamner à l'obscurité que de descendre * . . . . . . par
les malheurs de la patrie. Imiterai-je, Messieurs, ce
mémorable exemple, ou vous parlerai-je de la personne et des ouvrages de M. Chenier ? Pour concilier
vos usages et vos opinions, je crois devoir observer
un juste milieu entre un silence absolu et un examen
approfondi; mais quelles que soient mes paroles, aucun
fiel ne les empoisonnera. »

Quel absurde, quel odieux langage ! Le récipiendaire promet des paroles sans fiel, au moment même
qu'il vomit, sur la mémoire de deux hommes célèbres,
l'aconit, à pleine bouche. Pour parvenir à les dés-
honorer tous deux, il ment au bon sens, il ment à l'histoire biographique. C'est mentir au bon sens, que
d'attribuer l'indifférence avec laquelle on reçut l'Épo-
pée de l'Homère anglais, à la volonté de punir ses opinions et sa conduite politique. Toute l'Angleterre se
serait donc concertée à cet effet ; et bien que con-

---

* Il manque, ici, un ou deux mots effacés dans le manuscrit
que j'ai copié.

4

vaincue des beautés sublimes du poëme , elle aurait
dit , à part soi , *n'en parlons pas , ne faisons pas sem-
blant de les apercevoir*. Mais , dans ce cas , le Paradis perdu se trouvait réellement , en possession de l'es-
time publique , quelque silencieuse qu'elle fût. Si , au
contraire , le poëme fut d'abord cru mauvais , le signaler
au mépris des trois royaumes était un moyen sûr d'en
humilier l'auteur et de lui faire expier ses torts comme
républicain , par la révélation de ses torts , comme
poëte. La haine et la vengeance en agissent ainsi ;
je m'en rapporte sur ce point à M. de Châteaubriant
lui-même. Si l'ouvrage à son apparition ne fut pas lu
(c'est ce qui lui arriva) , le récipiendaire nous en
impose. Ce n'est point par la raison qu'il en donne ,
qu'aucune voix ne s'éleva pour en faire l'éloge.

De l'évidence du flagrant délit , contre le bon sens ,
passons au flagrant délit contre la biographie.

Elle nous apprend que ce poëme , dont les héritiers
de Milton ont retiré trois ou quatre cent mille francs ,
eut beaucoup de peine à trouver un libraire qui voulût
se risquer à le payer cent écus. Le drôle était , sans
doute , aussi du parti des Stuarts ; *il ne pouvait se résoudre à célébrer la gloire d'un citoyen qui pouvait ,
tout au plus , solliciter une généreuse indulgence.*

Elle nous apprend que le sage Addisson fut le premier qui reconnut le mérite du Paradis perdu , qu'il
en fit l'apologie , et parvint à ressusciter un chef-
d'œuvre , mort , pour ainsi dire , sans avoir vécu.

Hélas ! le chef-d'œuvre de notre Melpomène avait bien eu le même sort ; pourquoi ce qui n'était à l'égard de Racine, qu'une injustice littéraire, serait-il à l'égard de Milton, une justice politique ? Au crime près de républicanisme, ce républicain était un honnête homme, ami fidèle, bon époux, bon père de famille ; et je crois qu'il fait beaucoup plus d'honneur à sa patrie que le récipiendaire à la sienne. Je crois qu'il y a injustice, lâcheté, sottise à détremper, dans du venin, la cendre éteinte de Milton, pour avoir occasion d'y détremper en même temps, les cendres encore chaudes du malheureux *Chenier*. Je crois enfin que cette note devait trouver ici sa place, puisqu'elle concourt à démasquer un mauvais citoyen, le coryphée du royalisme, et le plus audacieux des charlatans modernes.

Page 12. *L'ex-démagogue Beauchamp.* J'ai eu l'honneur d'être, pendant trois ans, le camarade de M. Alphonse de Beauchamp, natif de Monaco, et fils, à ce qu'il m'a raconté lui-même, d'un chevalier de saint Louis, officier de fortune, ce qui est beaucoup plus glorieux que d'être officier-né. Nous étions employés, au ministère de la police générale, dans la division administrative et dans le même bureau. C'était bien, alors, le plus bouillant sans-culotte que j'aie jamais rencontré. *Quantum mutatus ab illo !* On a répandu que son patriotisme, à l'époque dont je parle, n'était qu'un jeu de comédie et qu'il servait, à tant le mois, le potentat d'Hartwel ; j'ose affirmer le contraire. On connaissait Alphonse, tout au plus, dans son corps de

logis , un peu dans notre division et dans l'orchestre
du théâtre Montansier , où je tiens aussi de lui-même
que la misère l'avait réduit à racler le violon. Sa re-
nommée n'a passé le détroit qu'après la publication
de son Histoire de la Vendée , et d'une Biographie des
hommes de la révolution. C'est , je crois , ce dernier
ouvrage , qui le fit renvoyer des bureaux. Je suis per-
suadé que nous devons l'apostasie d'Alphonse à la
seule éloquence de l'abbé Feletz.

Page 13. *Culte public et tolérance impliquent contradiction.* La croyance des protestans , par exemple ,
cesse d'être protégée , lorsqu'en exécution d'une or-
donnance de police , signée *Beugnot* , ils ont à tapis-
ser les rues , pour embellir la Fête-Dieu. Rien , suivant eux , de plus abominable que d'adorer , dans un
morceau de pâte non fermentée , l'immatérielle divinité.
Adieu , par conséquent , la tolérance , si vous les forcez
de concourir à solenniser ce qui , suivant eux , est une
abomination. Quant au dimanche , on s'était appuyé
de l'exemple de l'Angleterre , pour faire baisser les
auvents des boutiques. Mais remarquons que le schisme
d'Henri VIII ayant affranchi les Anglais de l'autorité
du pape, dont naguère ils brûlaient encore l'effigie, l'horreur du papisme et le bill obtenu , par les puritains , sous
le règne d'Elizabeth , ont fait de la religion anglicane
une partie intégrante de la constitution. Ainsi , l'obser-
vance du dimanche , tient , chez nos voisins , à des
circonstances locales et particulières ; leurs boutiques
sont fermées ce jour-là parce qu'ils abhorrent le

pape ; on voulait, au contraire , que les nôtres le fussent, pour lui prouver que nous l'aimons.

Page 16. *Nous n'avons point renvoyé Louis-Stanislas.* Pas plus que nous ne l'avions appelé. Son surnom de Louis le Désiré n'est qu'un sobriquet. A l'avénement de Louis XVI , les courtisans s'empressèrent aussi d'appeler Louis XVI *le Désiré ;* ce prince eut le bon esprit de ne pas vouloir de ce nom , il sentit que ce serait une injure à la mémoire de son prédécesseur. Voilà bien les flatteurs ! Le jour qu'un prince monte au trône, point de qualités qui lui manquent, point de défauts qui les altèrent. L'espérance et la flatterie entonnent les mêmes louanges ; mais bientôt l'espérance se tait et la flatterie poursuit. Les intéressés et les bonnes gens annonçaient Louis-Stanislas comme un monarque d'un esprit étendu , d'une raison lumineuse , d'un caractère fort, de qui les longues infortunes avaient mûri l'expérience , affermi la sagesse , humanisé la piété. Quel autre , disaient-ils , parviendrait mieux à fermer l'abîme où nous sommes tombés ? Dans quelles circonstances l'intérêt du prince et celui de ses sujets furent-ils plus identiques ? De leur bonheur dépend le sien , il ne peut être heureux tout seul. Ils assuraient que ni la volonté , ni le pouvoir du bien ne lui manquaient , et pourtant, tout le bien qu'on attendait de lui a péri dans son germe.

Page 19. *Continuerait d'insulter aux cadavres des vaincus.* Les journaux ont raconté que, dans mon département (la Drôme), ce brave duc d'Angoulême ayant aperçu sur son chemin le cadavre d'un garde national, tué la veille, qui avait la cocarde tricolore, le poussa du pied, en disant, *c'est un traître.*

Page 25. *Des vipères et des Feletz.* Cet abbé qu'on a plaisamment surnommé Méphistophelez co-engendra le famosissime Journal des Débats, devenu ensuite Journal de l'Empire, redevenu journal des Débats, et depuis le 21 mars 1315, redevenu Journal de l'Empire. M. l'abbé Feletz est le Louis XI de la littérature, sa devise est aussi *oderint dum metuant.* Jamais on ne rassembla, sous les murailles du Plessis-les-Tours, autant de victimes qu'il en a immolé, pendant dix ans, dans les colonnes du feuilleton.

> On compterait plutôt combien, dans un printemps,
> L'Esculape *Fournier* a fait périr de gens
> Et combien G. . . y, devant son mariage,
> A de fois au public vendu son . . . . .

Dans cette épouvantable hécatombe ont figuré le doyen des gens de lettres, le courageux *Morellet* et le poëte *Saint-Lambert.* Convenons-en, ce dernier méritait bien d'être puni.

> Vous connaissez son crime, atroce s'il en fut,
> Il fit un catéchisme au goût de l'Institut.

La restauration ne restaura point le Journal des Débats, j'ignore si sa santé s'est améliorée, mais, il y a quelques mois, on le disait à l'agonie. J'en témoignai mes regrets, par ce dixain, où je l'ai personnifié.

Il dépérit , il meurt ce Sultan détesté !
Ni *Mutin* le docile et sa lanterne sourde ,
   Ou de Dussault la main pesante et gourde ;
Ni du docteur *Crispus* l'élixir éventé
Ne rendront au Sultan qui finit sa carrière
   Le mouvement, la force et la lumière.
   Pardonnez-lui s'il fut lâche et pervers ,
De Méphistophelez il naquit aux enfers;
Laissons y retourner et le fils et le père,
A tous les cœurs bien nés que la patrie est chère !

On assure que cette feuille va se trouver sous la direction du prince Lucien ; Dieu le veuille , il y fera ce que défunt Hercule daigna faire pour un roi de l'Élide. A ce sujet, j'ai l'honneur de prévenir son altesse que *Mutin le Docile,* est cet abbé qui , l'année dernière, défendit et combattit la liberté de la presse , à deux jours d'intervalle. On ne saurait être plus souple , plus docile. Le même qui gratifia d'un brevet de terroriste notre éloquent et vertueux député *Bedoc.* On ne saurait être plus mutin.

Page 27. *N'y a-t-il pas , en effet , une intervention surnaturelle?* Ma raison n'est, que je sache , encroûtée d'aucune superstition ; je crois , lentement et guères plus au pigeon de Marie qu'au cigne de Léda. Néanmoins, il est des événemens si bien marqués du doigt de Dieu; on voit l'empreinte , on la touche , le moyen d'en douter! Aussi, je m'empresse de rétracter, quant à Napoléon, ce que j'ai dit des rois qui prétendent l'être , par la grâce de Dieu. Elle a régénéré celui-ci, elle l'a remis dans le chemin de la justice et de la véritable gloire. Je me suis, également rétracté, quant aux Bourbons, puisque j'attribue de même à la providence, leur esprit de vertige et d'erreur, *Deus induravit cor eorum.* Me voilà, par conséquent, réconcilié avec les plus scrupuleux observateurs des antiques formules !

Page 2§. *La guerre civile n'apparaît qu'à de longs intervalles.* Elle naît de la révolte ou de l'insurrection ; mais il n'arrive guère que les révoltes la produisent. N'etant jamais légitimes, jamais fondées sur l'intérêt général, elles restent isolées. Un gouvernement sage ne leur donne pas le temps de prendre un accroissement dangereux. S'il s'agit d'insurrections, comme elles ont pour causes l'abus du pouvoir, la violation des droits du citoyen, et, pour but, l'exécution des lois, alors, c'est le prince qui se trouve en état de révolte ; l'insurrection finit d'ordinaire par le corriger ou l'écraser. Nous n'avons à redouter aucune de ces deux espèces de guerres civiles, l'Empereur risquerait trop à favoriser l'une, dans l'espérance de s'agrandir, et à provoquer l'autre, par des essais de tyrannie.

Page 29. *Sauf l'hérédité de la pairie.* Un jeune et très intéressant écrivain me faisait remarquer, dernièrement, qu'en Angleterre, les successions ne se partagent pas également, entre les enfans, comme en France, aujourd'hui ; il résulte de cette différence, qu'un pair anglais, ne possédât-il qu'une fortune bornée, a la certitude que son successeur pourra soutenir son rang et sa dignité , tandis qu'au contraire, un pair français dont la famille serait nombreuse, ne peut avoir la même certitude. Cette objection contre l'hérédité de la pairie me paraît importante ; elle l'entoure de graves difficultés. Les pairs doivent rester indépendans ; si leurs moyens d'exister sont dans la main du monarque , il est à craindre que leur conscience n'y soit aussi.

Page 37. *L'irrévocable arrêt de sa déchéance.* Si elle a lieu , soyons ce qu'est la Suisse à nos portes , ce que sont , un peu plus loin , les fils de Washington. Nous avons eu , long-temps, une monarchie , sans autre constitution que le bon plaisir du monarque ; ensuite , pendant quelques jours une monarchie bridée par une constitution ferme ; ensuite une démagogie dont les deux premiers ministres étaient la terreur et la mort ; ensuite un directoire auquel il n'a manqué , pour prendre racine , que trois ou quatre *Carnot* de plus ; ensuite , une trinité consulaire et à terme ; ensuite , un consulat à vie ; ensuite , un despotisme oriental. Eh bien ? La France peut-elle redevenir rien de semblable ? préférera-t-elle d'exhumer la liberté de Rome , avec son patriciat et sa roture , ses sénatus-consultes et ses plébiscites , ses gourmades au Champ-de-Mars ; ses conquêtes et ses guerres civiles ? Pas davantage. Qu'on me dise donc , après l'expérience plus ou moins malheureuse de tant d'espèces de dominations et de dominateurs , à quel système politique , si ce n'est à la confédération républicaine , nous pouvons recourir. Une république de cette nature est essentiellement pacifique ; or, nous avons assez guerroyé. Elle ne vivrait pas en Europe, le demi-quart du demi-quart d'un siècle, avec l'ambition des conquêtes et dans la vaine gloire des envahissemens.

DE L'IMPRIMERIE DE J. GRATIOT.

* 9 7 8 2 0 1 3 3 5 9 0 8 5 *